1000 KELİME VE RESİM

1000 Kelime ve Resim, çocukların eğlenerek öğrenmesi için hazırlanmıştır. Kitapta yer alan çok sayıdaki canlı resim yardımıyla, çocuklar çevrelerindeki bildik (veya yabancı) nesne ve görüntüleri adlandıran birçok yeni kelimeyle tanışacaklardır.

1000 Kelime ve Resim, hem konuşma çağındaki çocuklara hem de ilkokula yeni başlayan çocuklara yöneliktir. Konuşma çağındaki çocuklar, bu kitapla birlikte kısa zamanda nesneleri tanımayı ve adlandırmayı öğrenecek, resimlerdeki nesnelerle altlarında yazan kelimeleri bir arada düşünmeye ve kitaptaki sahneleri akıcı bir biçimde anlatabilmeye başlayacaktır. İlkokula yeni başlayan çocuklar için ise bu kitap okumayı öğrenmek ve kelime dağarcıklarını geliştirmek için vazgeçilmez bir kaynak olacaktır.

İçindekiler

	sayfa
Vücudumuz	2
Giysiler	3
Ailemiz	4
Ev hayvanları	4
Evler	6
Bahçe	6
Mutfak	8
Oturma odası	10
Yemek odası	11
Yatak odası	12
Banyo	12
Sokak	14
Süpermarket	16
Hastane	18
Dişçi	19
Sınıf	20
Park	22
Vahşi hayvanlar ve kuşlar	24
Tren istasyonu	26

	sayfa
Liman	28
Havaalanı	30
Otobüs terminali	32
Şantiye	34
Benzin istasyonu	36
Çiftlik	38
Kır	40
Kumsal	42
Hava durumu	44
Aylar	44
Yaptığımız şeyler	46
İnsanlar	48
Zıt anlamlı kelimeler	50
Haftanın günleri	51
Saat kaç?	52
Renkler ve şekiller	54
Sayılar	55
Dizin	56

ISBN 975-14-0664-1

Birinci Basım: 1999

Remzi Kitabevi AŞ., Selvili Mescit Sok. 3, Cağaloğlu 34440, İstanbul.
Tel (212) 513 9424-25, 513 9474-75, Faks (212) 522 9055
WEB : http://www.remzi.com.tr, E-POSTA : post@remzi.com.tr

Remzi Kitabevi A.Ş. tesislerinde basılmıştır.

1000 Kelime *ve* Resim

Derleyen: RICHARD POWELL
Resimleyen: TONY KENYON
Çeviren: GÜROL KOCA

Remzi Kitabevi

Vücudumuz

KIZ
ERKEK

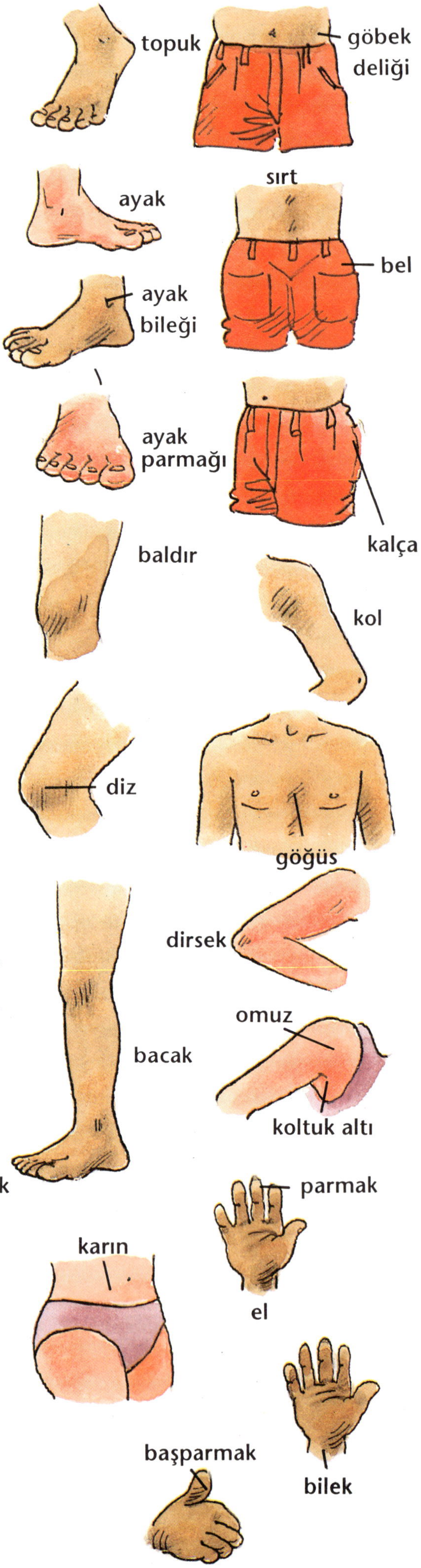
topuk
göbek deliği
sırt
ayak
bel
ayak bileği
ayak parmağı
kalça
baldır
kol
diz
göğüs
dirsek
omuz
bacak
koltuk altı
parmak
karın
el
başparmak
bilek

baş
boyun
kaş
ağız
saç
çene
yanak
alın
göz
kulak
burun
dil
diş
dudak

Giysiler

kazak
şort
hırka
gecelik
gömlek
parka
külot
etek
pijama
kravat
atlet
külotlu çorap
atkı
eldiven
pantolon
tişört
mendil
çorap
elbise
bluz
şapka
süveter
ceket
yağmurluk
çizme
ayakkabı

Ailemiz

Ev Hayvanları

büyükbaba
amca/dayı/enişte
babaanne
hala/teyze/yenge
ikizler/kuzenler

tavşan kafesi
tavşan
yavru köpek
balık
akvaryum
muhabbetkuşu
kurbağa
kedi
tünek
çark
fare

Evler

sayfiye evi

kulübe

karavan

çadır

köy evi

yüzen ev

Bahçe

süpürge

çiçek

salyangoz

arı

elma

çatal

sepet

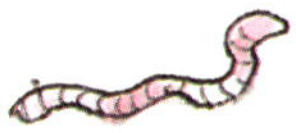
solucan

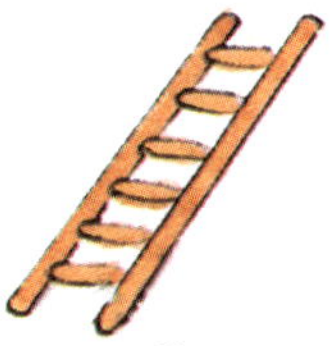
merdiven

köpek

kedi

hortum

konak

sıra evler

iglo

apartman

bahçeli ev

bel

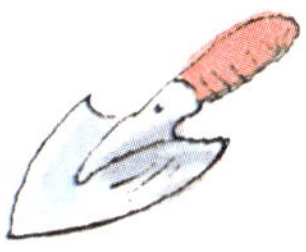
el küreği

tırmık

çöp bidonu

ağaç

el arabası

çim biçme makinesi

çiçek sulama kovası

çiçeklik

çimen

Mutfak

konserve açacağı

önlük

paspas

tava

fincan

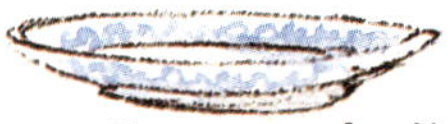
fincan tabağı

mama kabı

eviye

bulaşık deterjanı

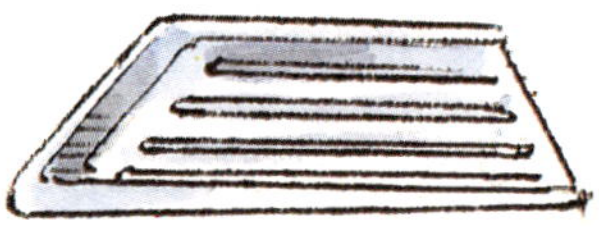
bulaşıklık

musluk

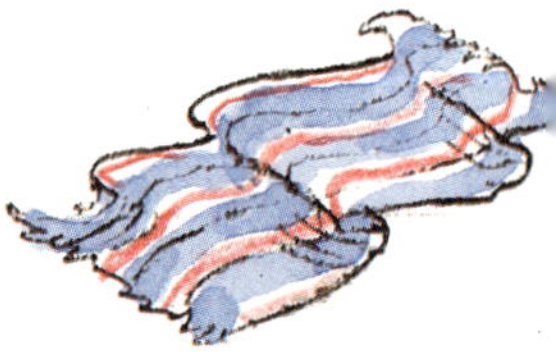
kurulama bezi

tabure

tabak

kupa

fırça

faraş

ütü

mutfak dolabı

el mikseri

çamaşır tozu

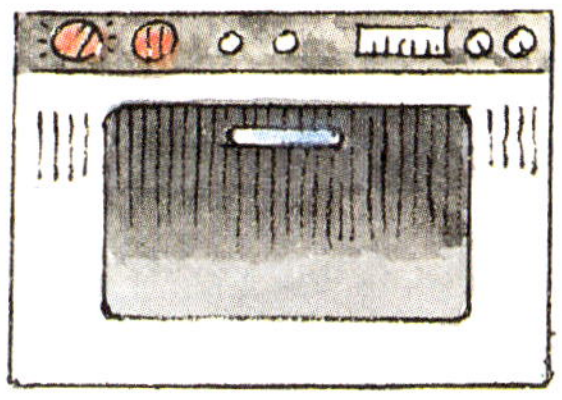
fırın

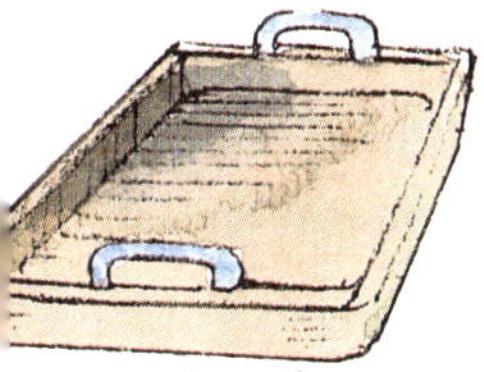
tepsi

tahta kaşık

pedallı çöp kutusu

çaydanlık

çamaşır makinesi

süzgeç

merdane

fayans

saplı tencere

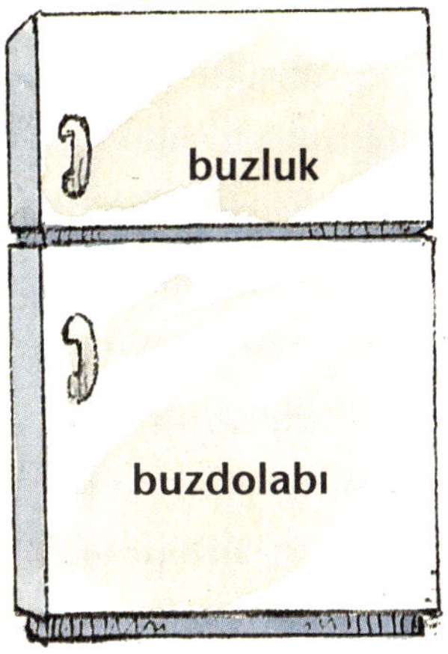

ocak

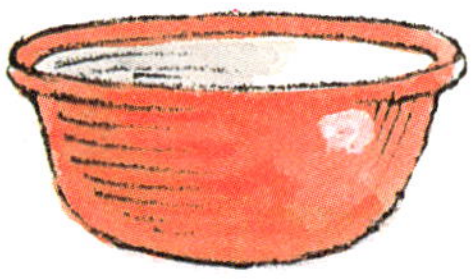
kâse

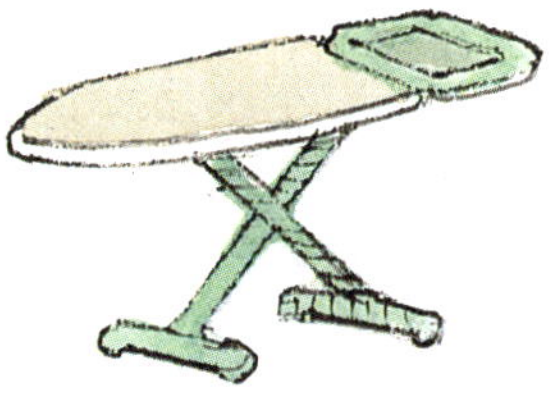
ütü masası

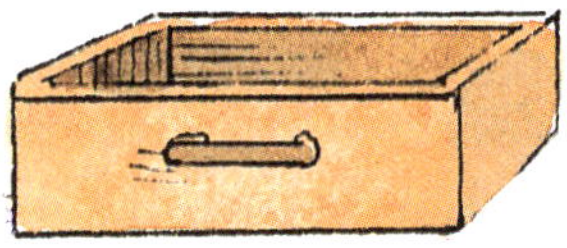
çekmece

Oturma odası

Yemek odası

sürahi

tereyağı kabı

kaşık

bardak

büfe

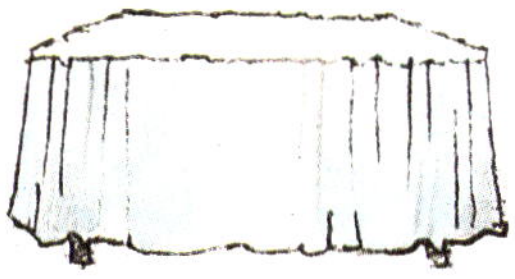
masa örtüsü

tuz

biber

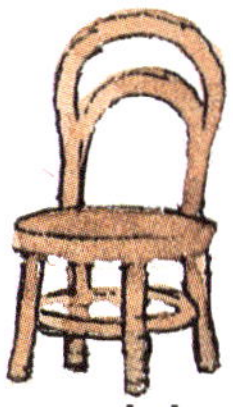
sandalye

perde

meyve tabağı

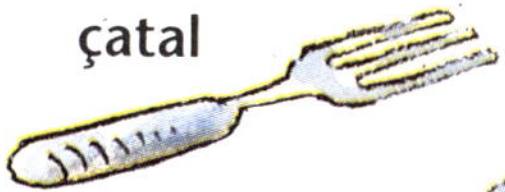
çatal

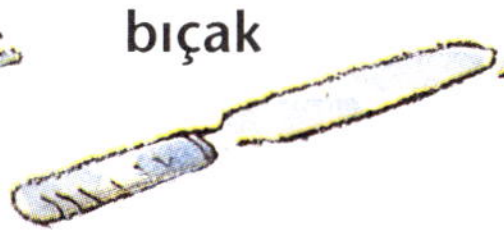
bıçak

Amerikan servis

doğrama tahtası

halı

saksı

sos şişesi

tabak

yün yumağı

kapı

Yatak odası

çalar saat

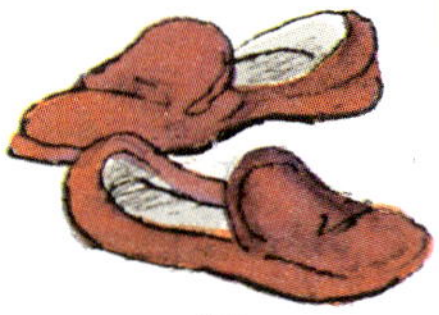
terlik

yorgan

oyuncak kutusu

oyuncak ayı

çalışma masası

perde

poster

Banyo

köpük

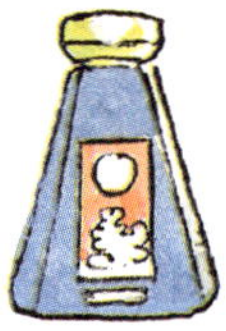
şampuan

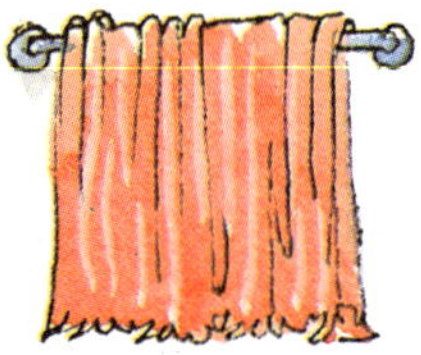
havlu

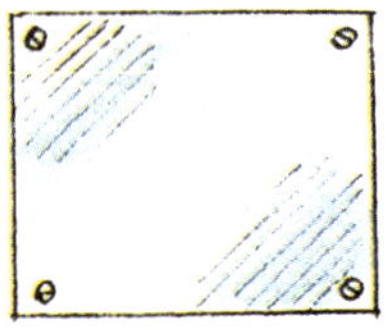
ayna

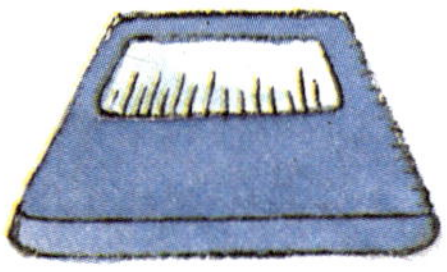
tartı

tıraş makinesi

klozet

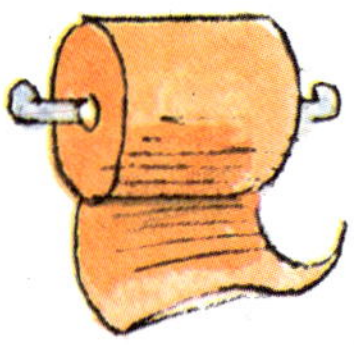
tuvalet kâğıdı

lavabo

banyo halısı

saç fırçası
tarak
merdiven
yastık
elbise dolabı
gece lambası
askı
pijama
kitaplık
ranza

duş
sünger
diş fırçası
diş macunu
sabun
banyo dolabı
oyuncak ördek
banyo küveti
musluk
talk pudrası

Sokak

işçi

ızgara

trafik lambası

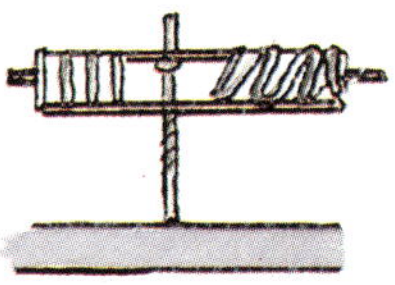
anten

çöp kutusu

alışveriş torbası

çiçekçi

kamyon

trafik polisi

matkap

saat

dondurmacı

benzin istasyonu

bisiklet

saat kulesi

otobüs

kuş

fırın

kamyonet

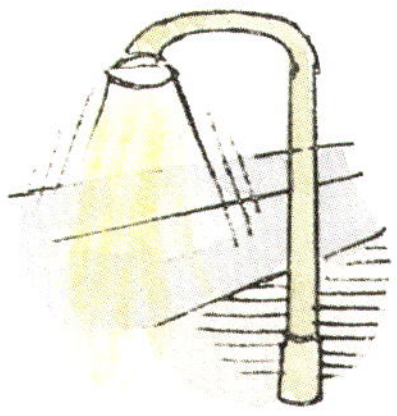
sokak lambası

kurye

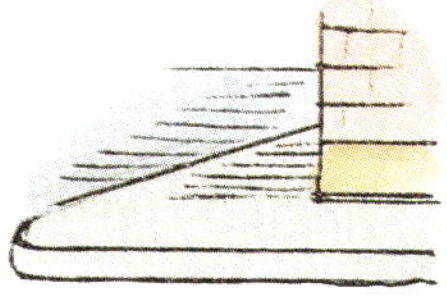
kaldırım

motosiklet

bebek arabası

menhol kapağı

şoför

araba

şemsiye

taksi

benzin pompası

kepçe

gazete bayii

çiçek demeti

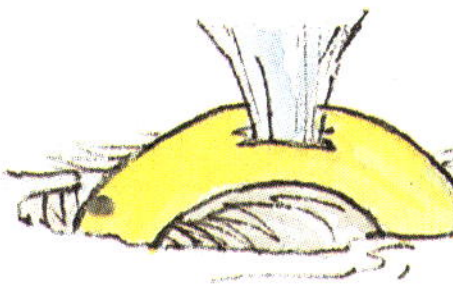
su borusu

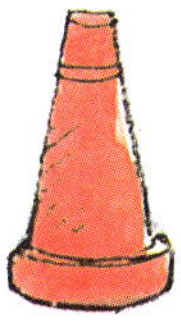
trafik hunisi

apartman

Süpermarket

havuç

kabak

lahana

kereviz

et

tavuk

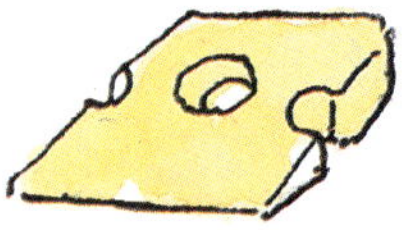
peynir

mısır gevreği

konserve

un

deterjan

yoğurt

yumurta

alışveriş arabası

süt

reçel

alışveriş sepeti

tuvalet kâğıdı

kasa

ekmek

balık

taze fasulye domates salatalık mısır marul patates kavun karpuz

soğan
mantar
portakal
armut
elma
limon
üzüm
ananas
muz
tereyağı
margarin

sosis şeker bisküvi kasiyer meyve suyu krema müşteri

Hastane

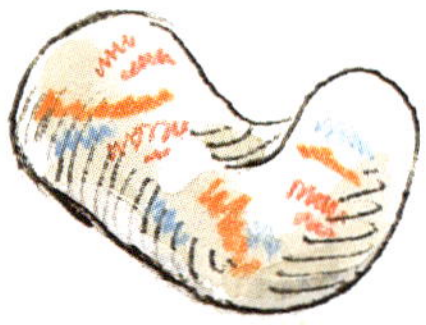
alçı

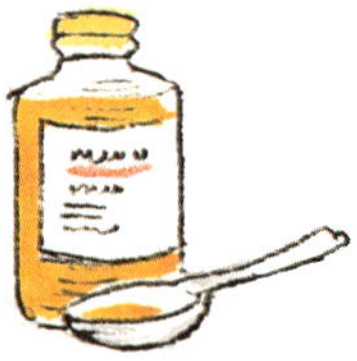
ilaç

bandaj

geçmiş olsun kartı

saat

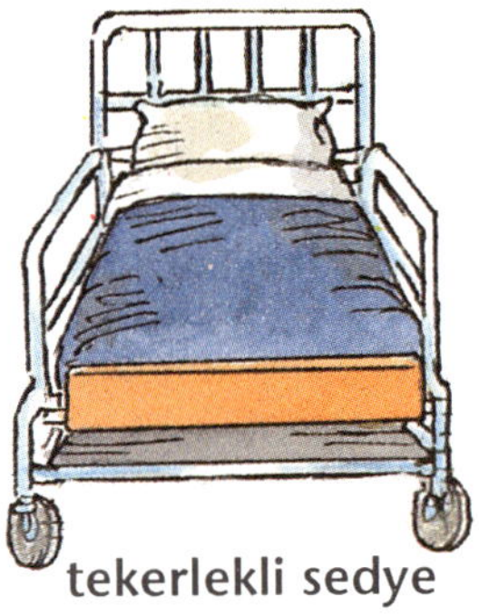
tekerlekli sedye

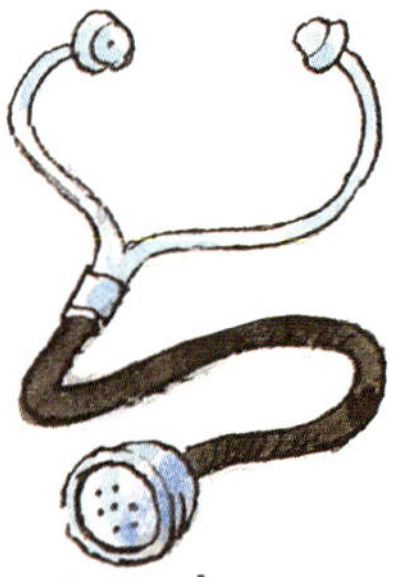
stetoskop

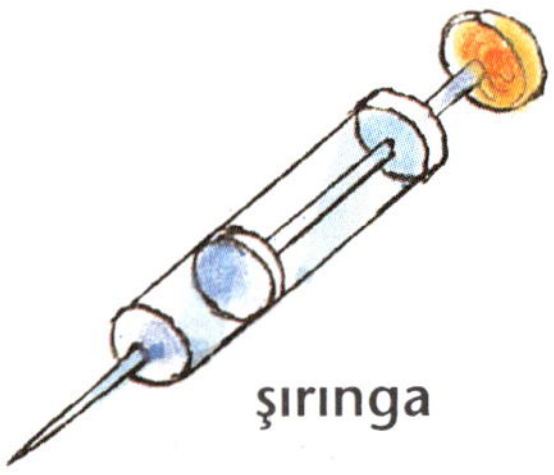
şırınga

hemşire

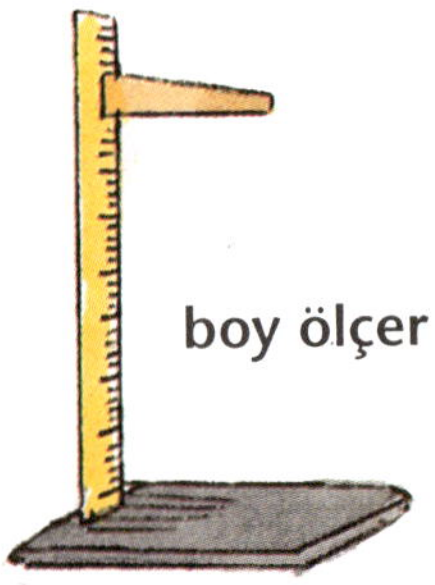
boy ölçer

sargı askı

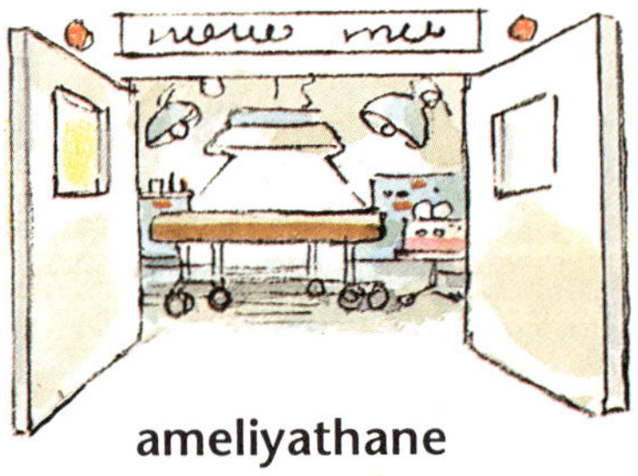
ameliyathane

doktor

televizyon

tekerlekli sandalye

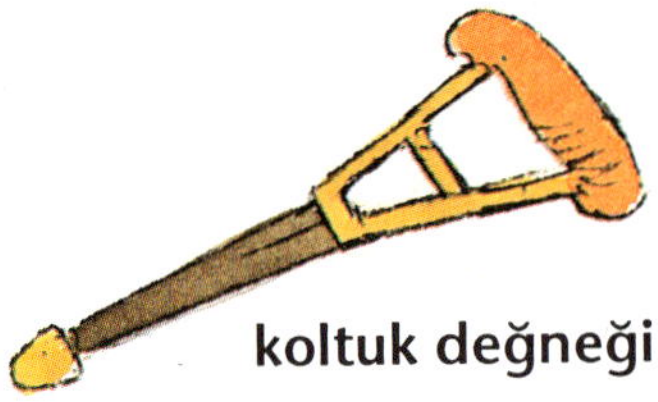
koltuk değneği

çiçek

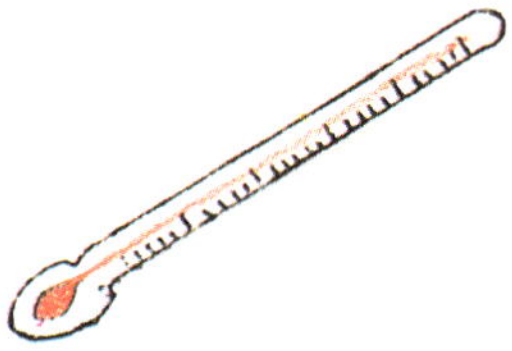

derece

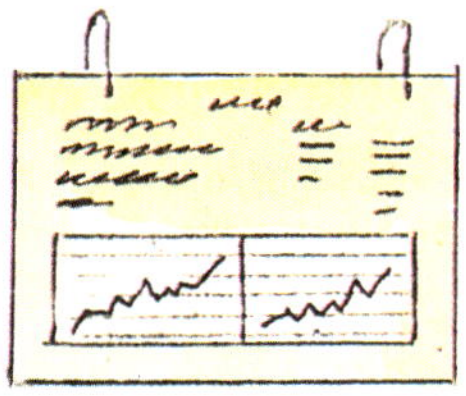

hasta takip kartı

dolap

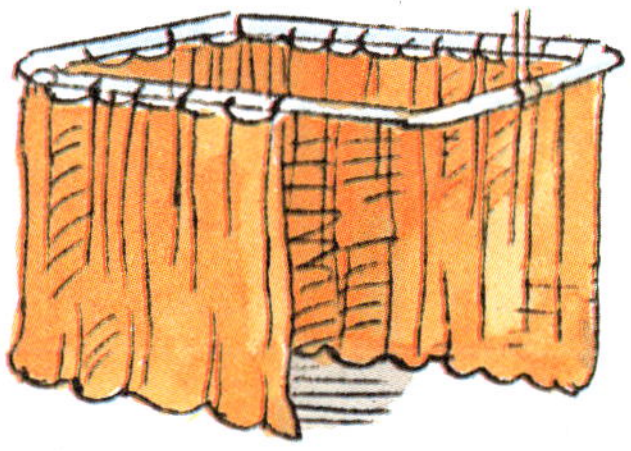

perde/paravan

terlik

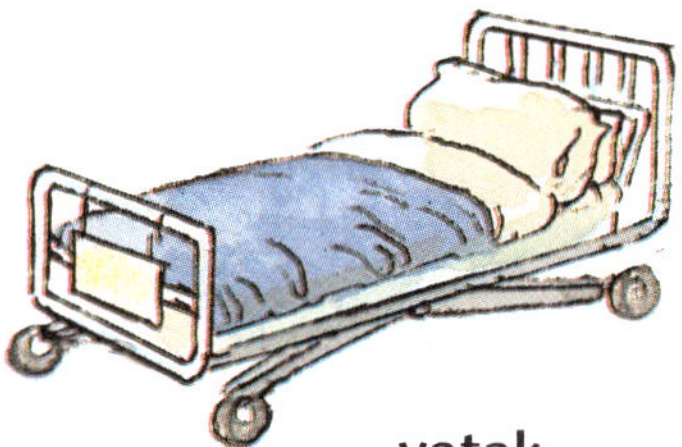

yatak

Dişçi

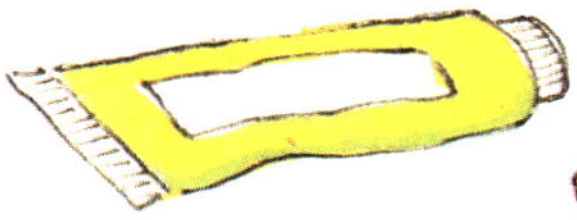

diş macunu

diş fırçası

ağız gargarası

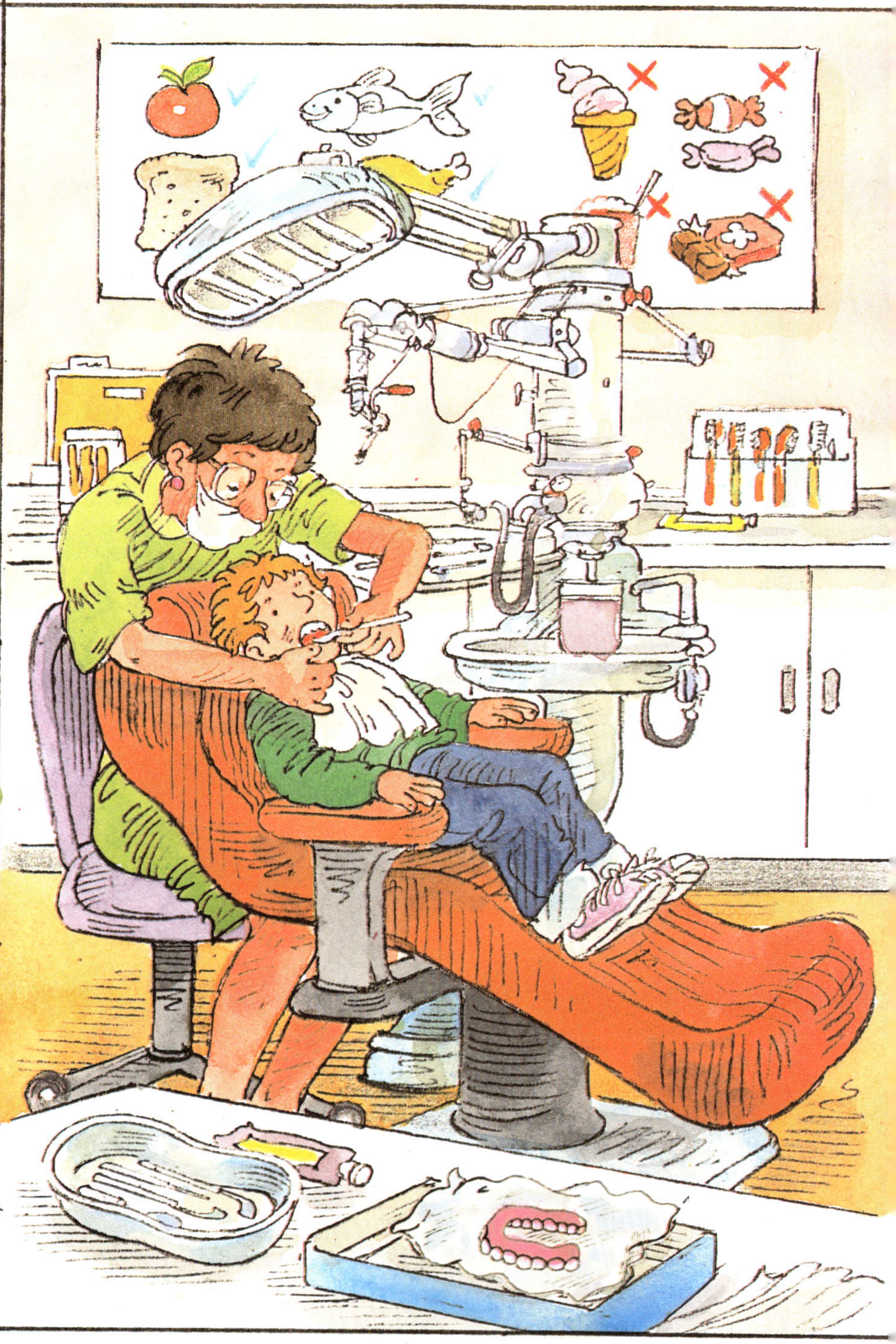

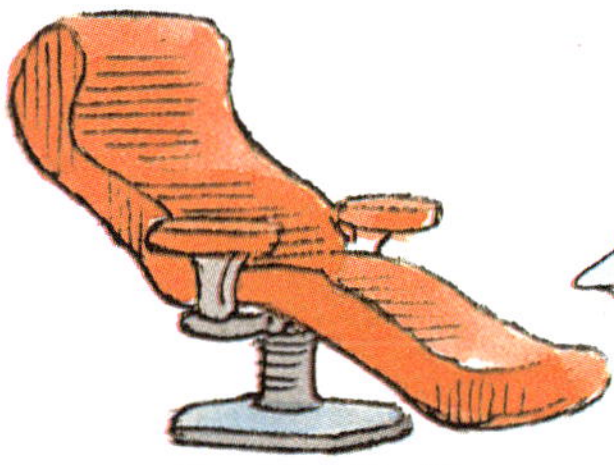

dişçi koltuğu

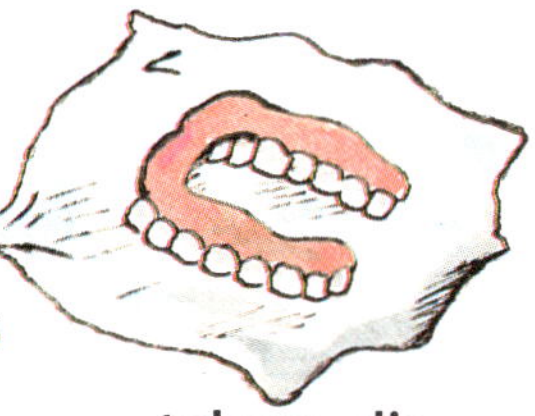

takma diş

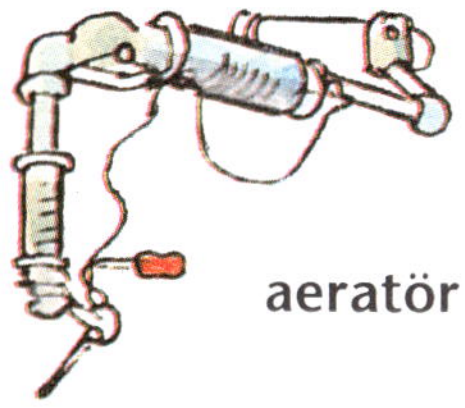

aeratör

diş doktoru

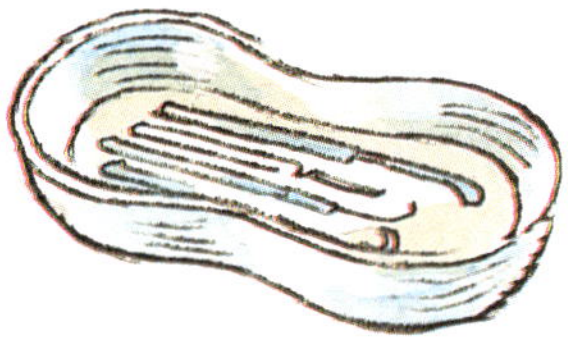

dişçi aletleri

maske

Sınıf

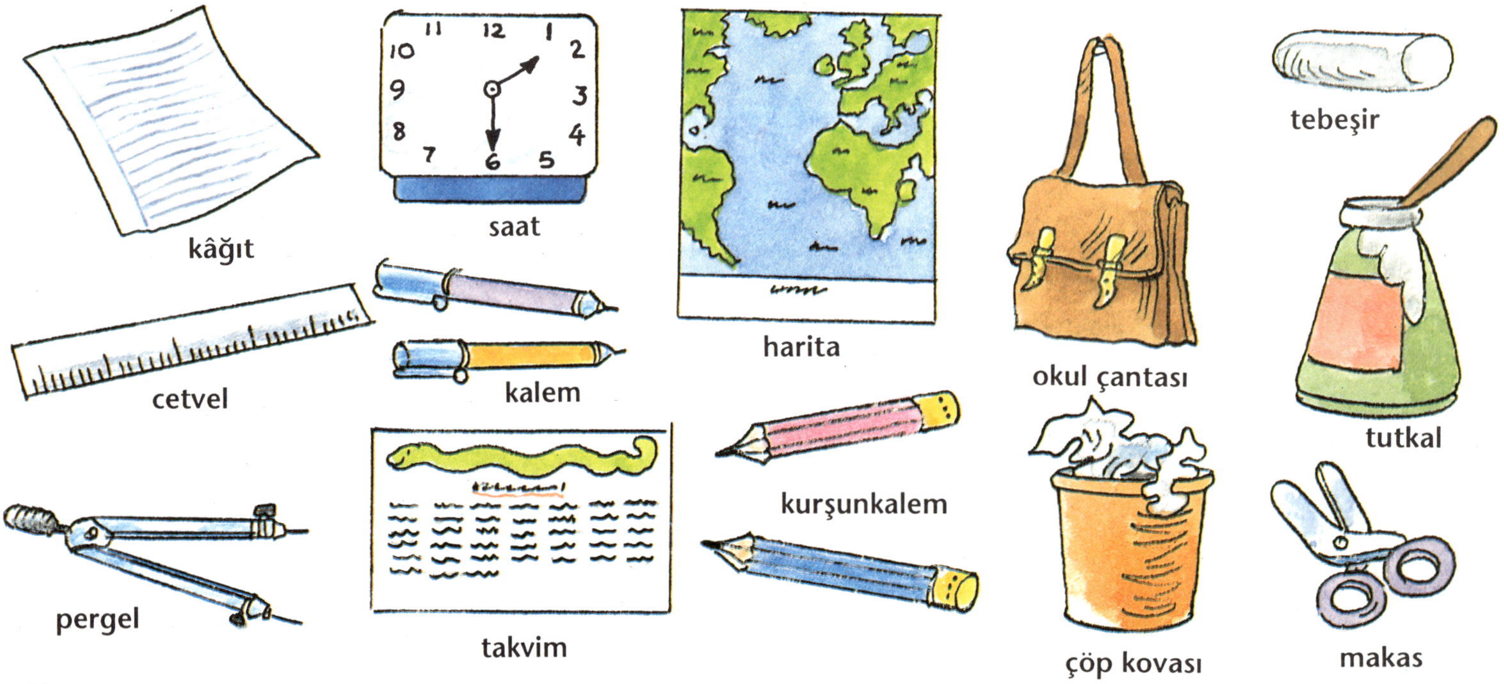
kâğıt
saat
harita
okul çantası
tebeşir
cetvel
kalem
tutkal
pergel
takvim
kurşunkalem
çöp kovası
makas

kara tahta

kitap

mum boya

öğretmen masası

boya

alıştırma kitabı

silgi

fırça

yap-boz

raptiye

öğretmen

küre

akvaryum

poster

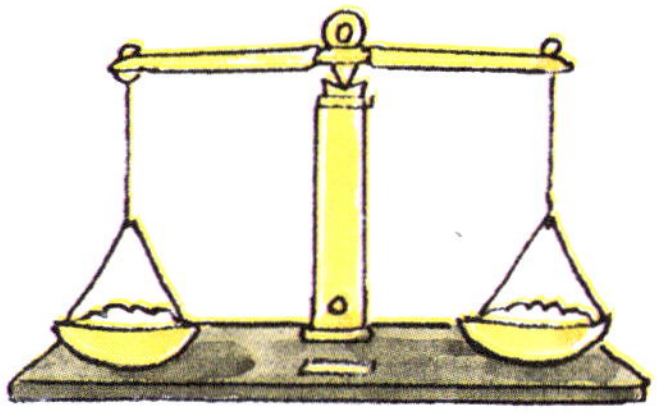

terazi

bilgisayar

Park

Tasma kayışı
kemik
tekerlekli paten
çit
piknik
bank
ördek
kurdele
çiçek
baston
havuz
ördek yavrusu
kaydırak
kep
mayo
çöp sepeti

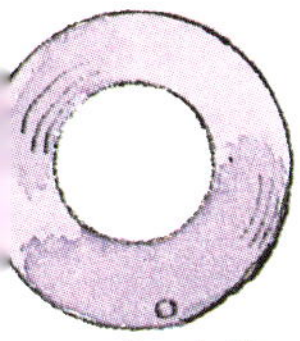

an simidi

uçurtma

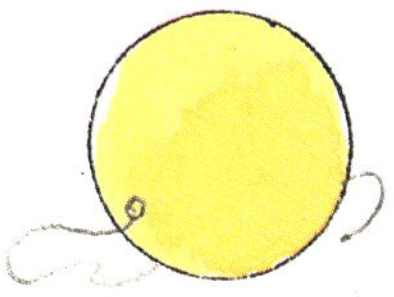

balon

çeşme

salıncak

kameriye

gazete

tahterevalli

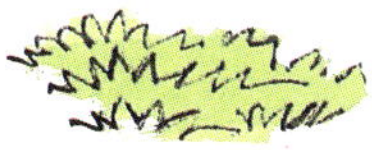

çimen

atlama ipi

termos

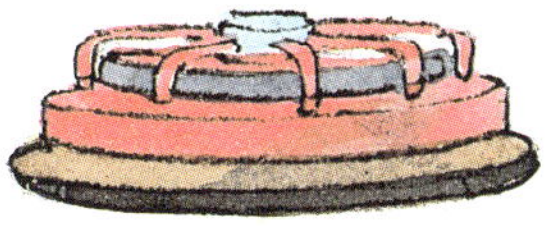

dönme dolap

koşucu

bebek arabası

bisiklet

yelkenli

Vahşi hayvanlar ve kuşlar

papağan
aslan
gergedan
kanguru
aslan yavrusu
maymun
fil
deve
pelikan
penguen
kaplan
yılan
fok
mors
ayı

Tren istasyonu

posta torbası

yolcu vagonu

kömür vagonu

hareket memuru

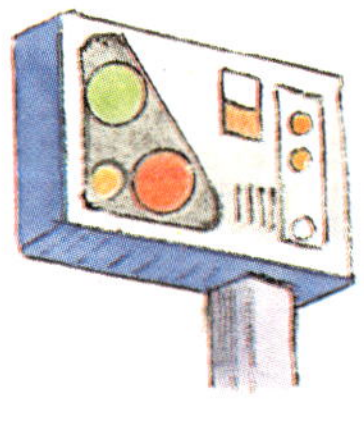
işaret panosu

bilet gişesi

lokomotif

yolcu

yemek vagonu

tarife

sırt çantası

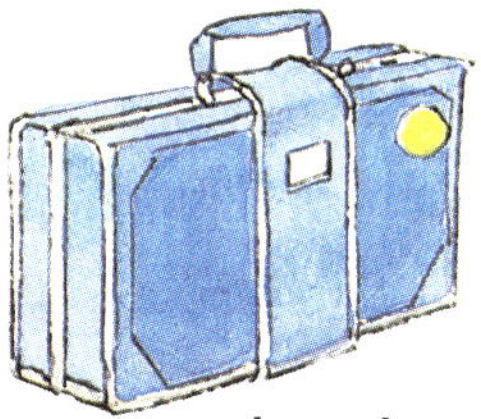
bavul

makinist kabini

tampon

yük treni

makinist

kondüktör vagonu

ray

el arabası

çiçek

peron

yük arabası

otomat

çöp tenekesi

Liman

can yeleği

yelkenli tekne

iskele

yük gemisi

deniz feneri

halat

tanker

lomboz

martı

şamandıra

ıstakoz sepeti

vinç

baca

direk

balık ağı

römorkör

cankurtaran simidi

çapa

kürek
sandal

balıkçı teknesi

balık

arabalı vapur

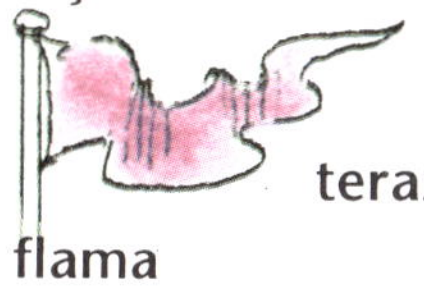
flama

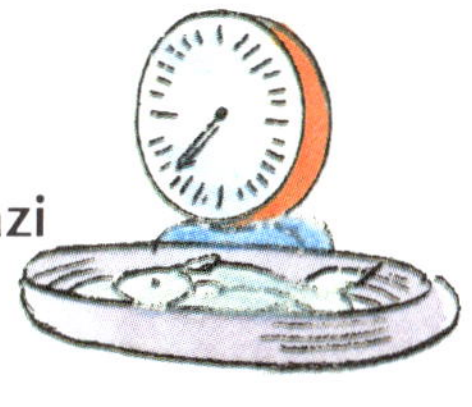
terazi

balıkçı

Havaalanı

kontrol kulesi

yolcu merdiveni

pilot kabini

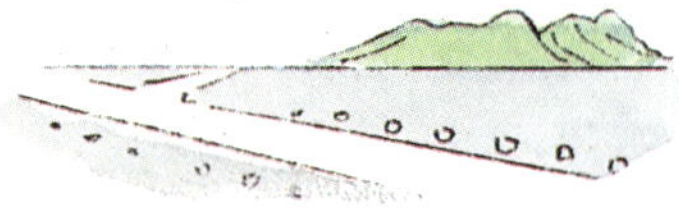

pist

yakıt tankeri

helikopter pervanesi/rotor

pilot

helikopter

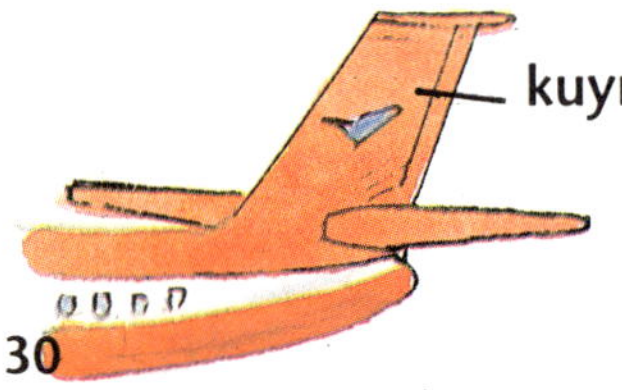

kuyruk

uçak

bagaj arabası

bavul

hangar

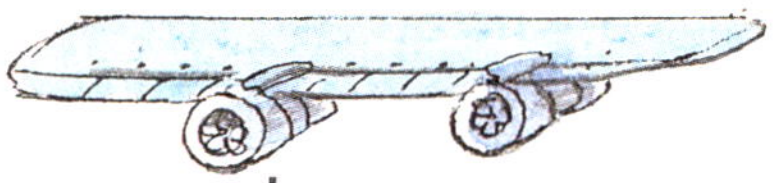

kanat

jet motoru

pist ışıkları

hostes

teknisyen

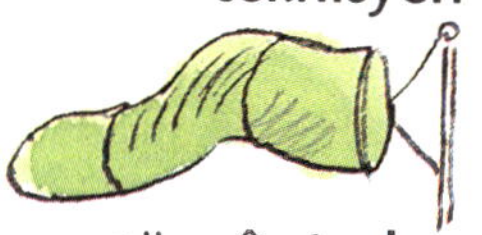

rüzgâr torbası

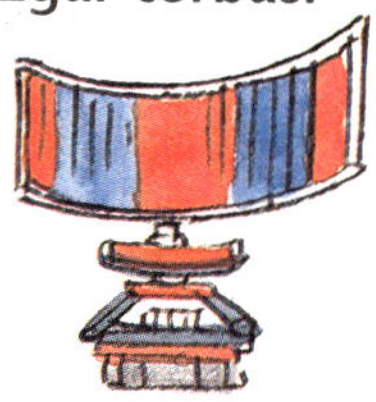

radar

Otobüs terminali

otobüs

gazete bayii

tarife

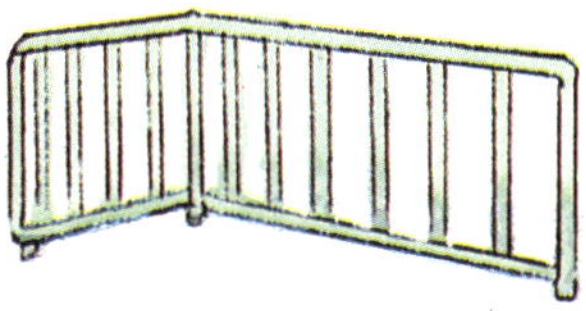

bariyer

kuyruk

durak işareti

bilet makinesi

çalgıcı

biletçi

patlak lastik

büfe

kartpostal standı

paket

çanta

alışveriş torbası

otobüs şoförü

Şantiye

matkap

el arabası

vinç

buldozer

elektrikçi

kürek

testere

tuğla

tesisatçı

merdive

duvarcı

damperli traktör

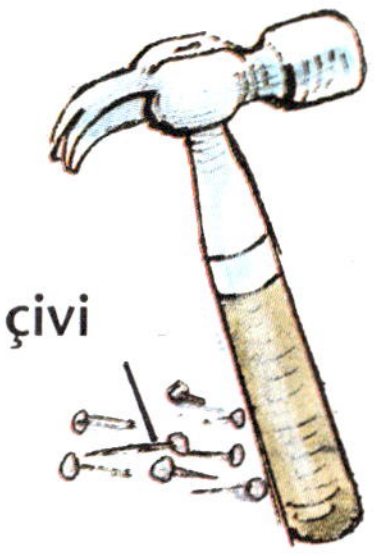

çekiç

kaynakçı

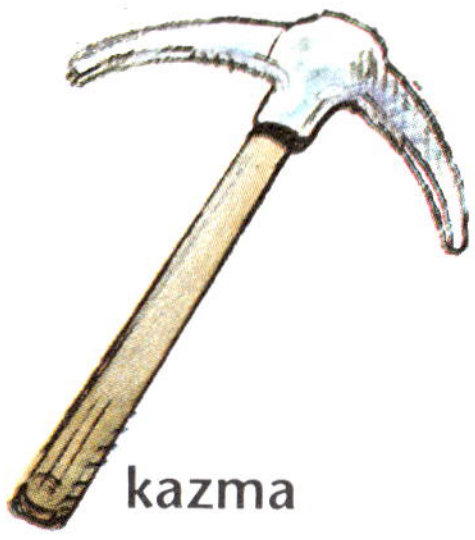

kazma

kask

çimento

harç makinesi

kiremit

marangoz

inşaat iskelesi

Benzin istasyonu

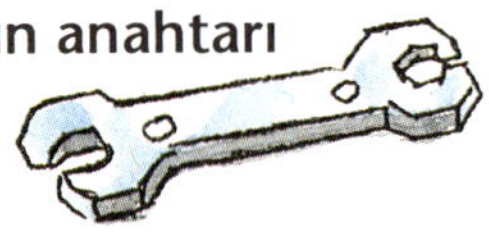
somun anahtarı

benzin pompası

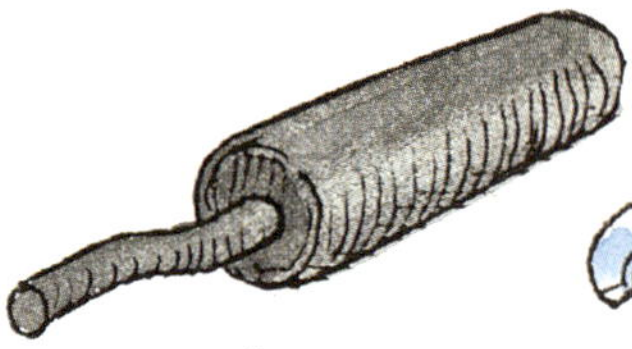
egzoz borusu

kerpeten

dikiz aynası

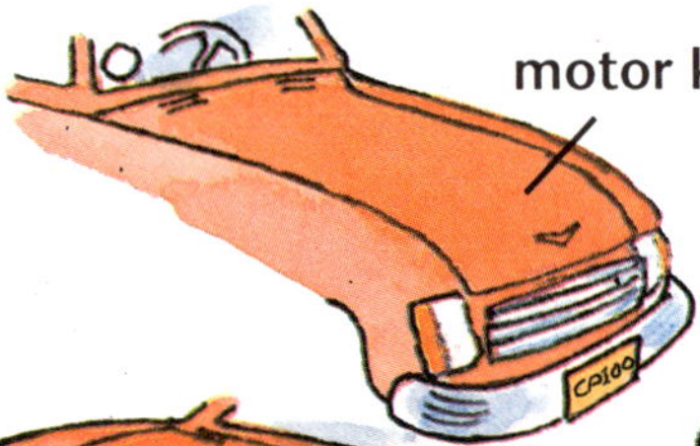
motor kapağı

bagaj

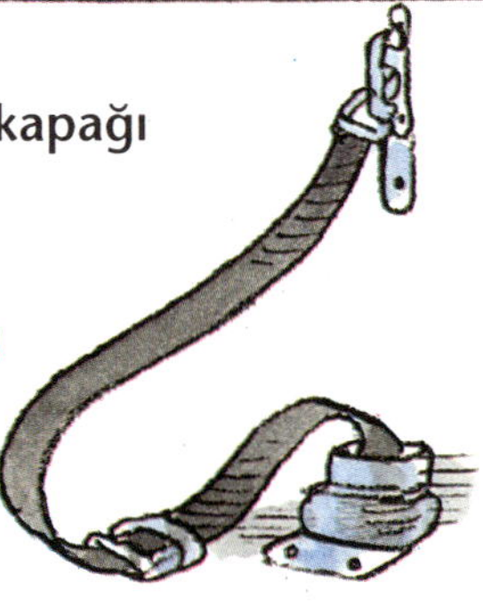
emniyet kemeri

motor

ön cam

kriko

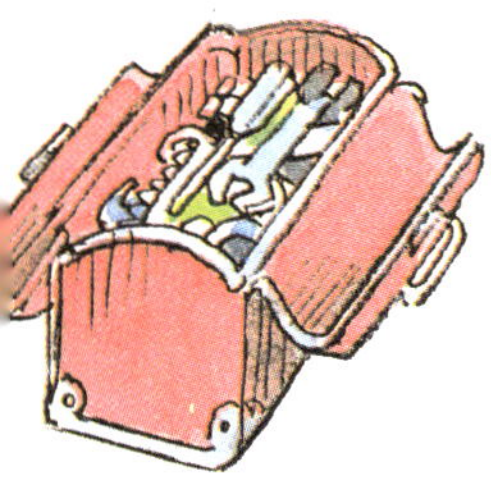

takım çantası

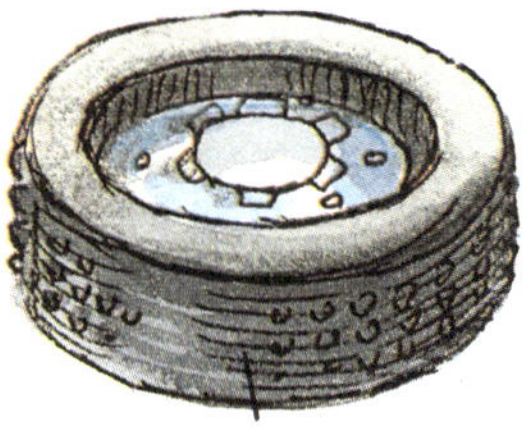

lastik

direksiyon

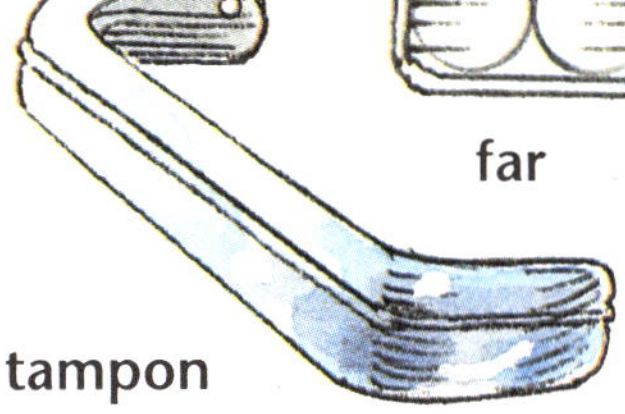

tampon

far

tamirci

oto yıkama

hava pompası

yangın söndürme aleti

yağdanlık

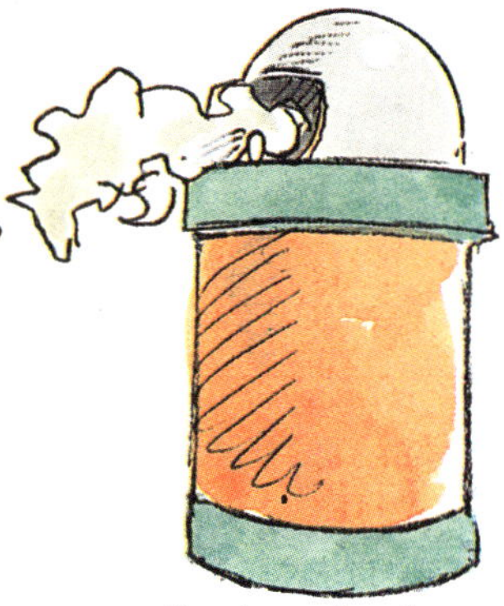

çöp tenekesi

Çiftlik

kaz

koyun

kuzu

korkuluk

boğa

mısır

tavuk kümesi

saban

balya makinesi

biçerdöver

çiftçi

süt tankeri

civciv

eyer

çayır

samanlık

silo

traktör

at

inek

domuz

hindi

horoz

tavuk

ördek

yavru ördek

çoban köpeği

saman balyası

çuval

ambar

gölcük

çiftlik evi

römork

saman

kapı

domuz ağılı

süpürge

at arabası

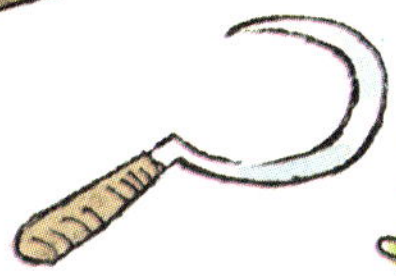
orak

ahır

Kır

yaprak

ağaç

göl

arı

uçurtma

sinek

yusufçuk

patika

kampçı

uğurböceği

böcek

sırt çantası

kelebek

sandal

köy

çayır

köprü

dere

balıkçı

karavan

sincap

işaret levhası

balık

kunduz

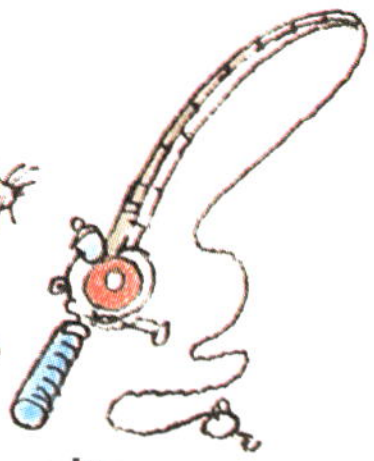
olta

kuş yuvası

tavşan

kurbağa

dağ

şelale

çalılık

tırtıl

kuş

kütük

tokmak

karaca

harita

teleferik

kayakçı

çadır

ızgara

Kumsal

hasır şapka

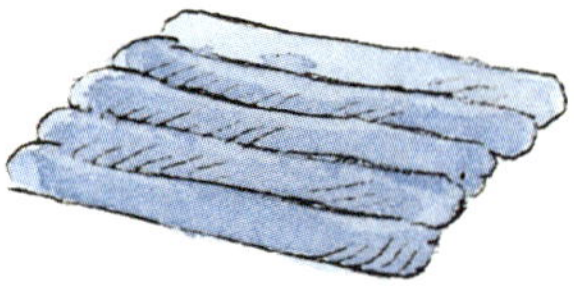
deniz yatağı

şezlong

yüzücü

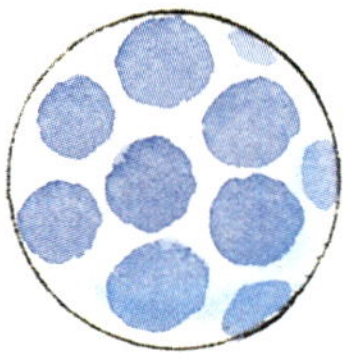
deniz topu

dondurma

rüzgârkıran

çakıl taşı

güneş

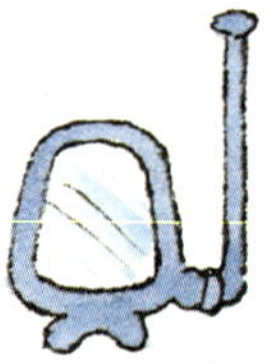
şnorkel

palet

deniz yıldızı

güneş yağı

can simidi

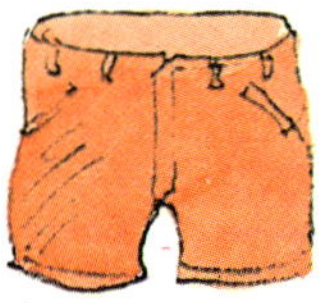
mayo

kova

kürek

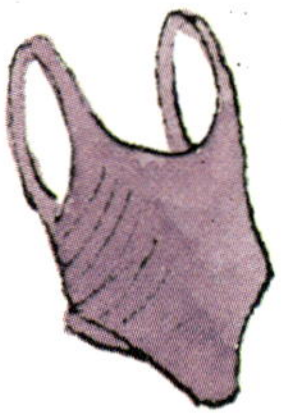
mayo

yelkenli

deniz feneri

radyo

sörfçü

kepçe

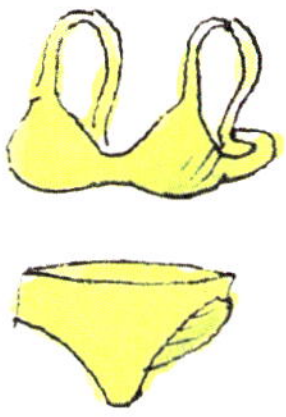
bikini

şamandıra

martı

mağara

deniz kabuğu

kaya

dalga

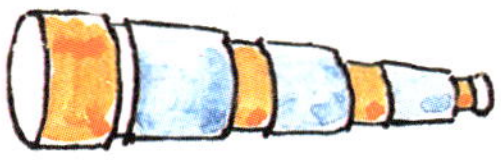
dürbün

yengeç

su birikintisi

güneş gözlüğü

kumdan kale

rüzgâr sörfü

sürat teknesi

kumsal

yosun

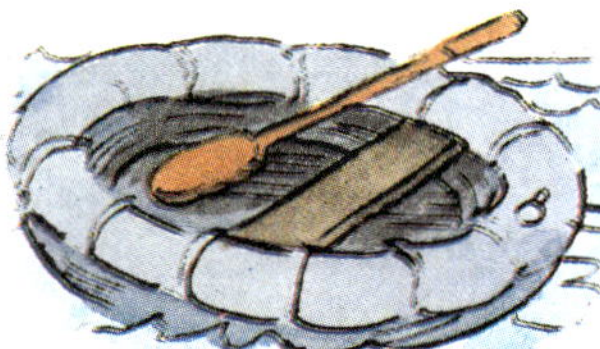
lastik bot

Hava durumu

AYLAR

Ocak

Şubat

Mart

Nisan

Mayıs

Haziran

Temmuz

Ağustos

Eylül

Ekim

Kasım

Aralık

bulut

sel

rüzgâr

RÜZGÂRLI

YAĞMURLU

çiy

sis

kardan adam

don

gökkuşağı

pus

kasırga

kartopu

güneş

kar

gökgürültüsü ve şimşek

tayfun

su birikintisi

meltem

buz

yağmur

fırtına

Yaptığımız şeyler

satın almak
ağlamak
yıkanmak
yürümek
dikmek
kurulanmak
oynamak
kazmak
seyretmek
dans etmek
dinlemek
kesmek
giyinmek
esnemek
süpürmek
yalamak
düşürmek
yapıştırmak

İnsanlar

dağcı

ressam

kasap

Amerikan futbolcusu

çöpçü

halterci

daktilograf

boyacı

atlet

diş doktoru

taksi şoförü

tenisçi

marangoz

aşçı

dalgıç

astronot

kayakçı

berber

jokey

postacı

buz patencisi

maden işçisi

garson

şarkıcı

itfaiyeci

göz doktoru

bilim adamı

doktor

fırıncı

oduncu

polis

jimnastikçi

bilgisayar programcısı

Zıt anlamlı kelimeler

Haftanın günleri

Oyuncak bir uçak aldım.

Uçağımı uçurmak için arkadaşımın evine gittim.

Okuldan sonra uçağımı tekrar uçurdum. Harika uçtu.

Babaannemlere gittim.
Uçağım yere düşüp parçalandı.

Uçağımı tekrar uçuramadım.

Annem uçağımı onardı.

Uçağım yine düştü. Haftaya daha büyük ve daha dayanıklı bir uçak alsam iyi olacak...
Yoksa roket mi alsam acaba?

Saat kaç?

yedi

sekize çeyrek var

onu çeyrek geçiyor

on iki

beş

yediyi çeyrek geçiyor

3
dokuz buçuk
Otobüs geliyor!
6
üçe çeyrek var
Haydi parka gidelim
7
dört buçuk
Eve dönme zamanı
10
yedi buçuk
Masal dinleme ve uyuma zamanı!
11
sekiz
Büyükler için dinlenme zamanı!

Renkler ve şekiller

Bu renkleri aşağıdaki resimde bulun…

turuncu siyah pembe gri sarı kahverengi

yeşil beyaz kırmızı mavi

Aşağıdaki şekilleri resimde bulun…

kare

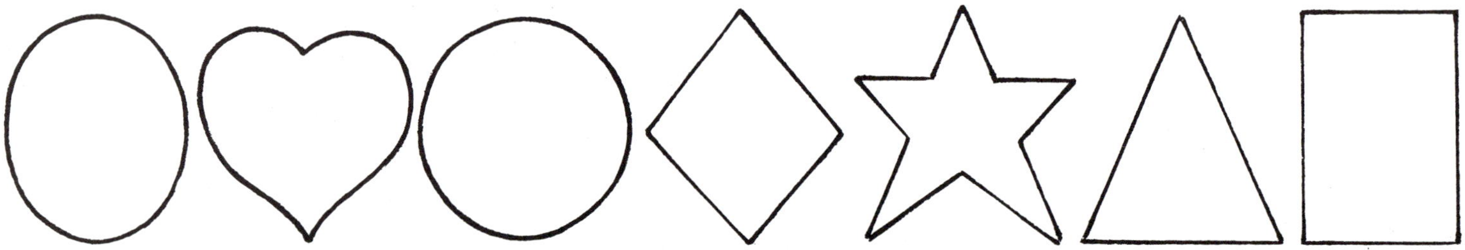

elips kalp daire eşkenar dörtgen yıldız üçgen dikdörtgen

Sayılar

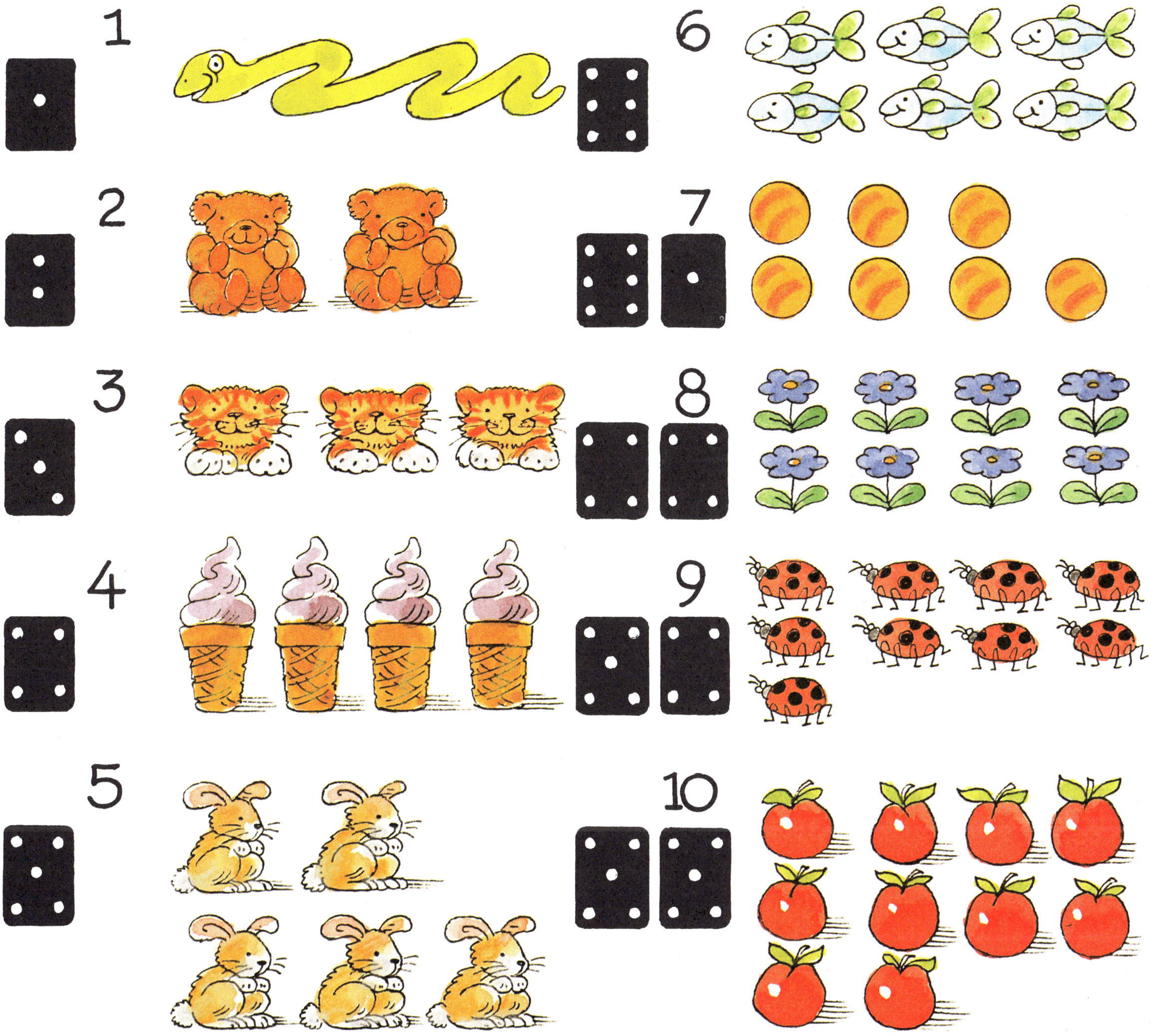

1 bir	6 altı	11 on bir	16 on altı	30 otuz	80 seksen
2 iki	7 yedi	12 on iki	17 on yedi	40 kırk	90 doksan
3 üç	8 sekiz	13 on üç	18 on sekiz	50 elli	100 yüz
4 dört	9 dokuz	14 on dört	19 on dokuz	60 altmış	1.000 bin
5 beş	10 on	15 on beş	20 yirmi	70 yetmiş	1.000.000 bir milyon

Dizin

A

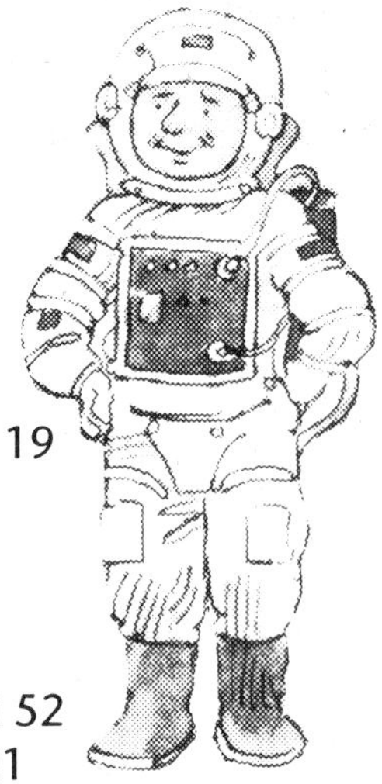

abajur 10
abla 4
aeratör 19
ağaç 7, 40
ağız 2
ağız gargarası 19
ağlamak 47
Ağustos 44
ahır 4, 39
aile 4-5
akşam yemeği 52
akvaryum 5, 21
alçak 50
alçı 18
alın 2
alıştırma kitabı 21
alışveriş arabası 16
alışveriş sepeti 16
alışveriş torbası 14, 33
alkışlamak 46
altı 55
altında 50
altmış 55
ambar 39
amca 5
ameliyathane 18
Amerikan futbolcusu 48
Amerikan servis 11
ananas 17
anne 4
anneanne 4
anten 14
apartman 7, 15
araba 15
arabalı vapur 29
Aralık 44
arı 6, 40
armut 17
askı 13
aslan 25
aslan yavrusu 25
astronot 49
aşağıda 50
aşçı 48
at 4, 39
at arabası 39
atkı 3
atlama ipi 23
atlet 3, 48
atmak 46
ayak 2
ayak bileği 2
ayak parmağı 2
ayakkabı 3
ayakta durmak 46
ayı 25
aylar 44
ayna 12

B

baba 4
babaanne 5, 51
baca 29
bacak 2
bagaj 36
bagaj arabası 31
bahçe 6-7
bahçeli ev 7
baldır 2
balık 5, 16, 29, 41
balık ağı 29
balıkçı 29, 40
balıkçı teknesi 29
balon 23
balya makinesi 38
bandaj 18
bank 22
banyo 12, 13, 52
banyo dolabı 13
banyo halısı 12
banyo küveti 13
bardak 11
bariyer 32
baston 22
baş 2
başparmak 2
bavul 27, 31
bebek 4
bebek arabası 15, 23
bel 2, 7
benzin istasyonu 15, 36-37
benzin pompası 15, 36
berber 49
beş 55
beyaz 54
bıçak 11
biber 11
biçerdöver 38
bikini 43
bilek 2
bilet gişesi 26
bilet makinesi 32
biletçi 33
bilgisayar 21
bilgisayar programcısı 49

bilim adamı 49
bin 55
bir 55
bisiklet 15, 23
bisküvi 17
bluz 3
boğa 38
boş 50
boy ölçer 18
boya 21
boyacı 48
boyun 2
böcek 40
buçuk 53
bulaşık deterjanı 8
bulaşıklık 8
buldozer 34
bulut 44
burun 2
buz 45
buz patencisi 49
buzdolabı 9
buzluk 9
büfe 11, 33
büyük 50
büyükbaba 5

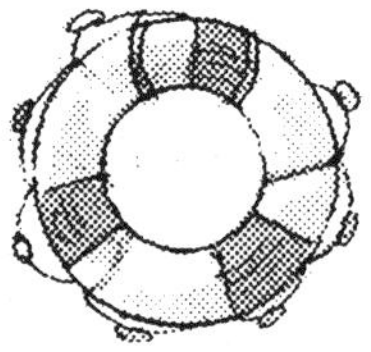

C

can simidi 23, 42
can yeleği 28
cankurtaran simidi 29
ceket 3
cetvel 20
civciv 38
Cuma 51
Cumartesi 51

Ç

çadır 6, 41
çakıl taşı 42
çalar saat 12
çalgıcı 33
çalılık 41
çalışma masası 12
çamaşır makinesi 9
çamaşır tozu 9
çanta 33
çapa 29
çark 5
Çarşamba 51

çatal 6, 11
çaydanlık 9
çayır 38, 40
çekiç 35
çekmece 9
çekmek 46
çene 2
çeşme 23
çeyrek geçiyor 52
çeyrek var 52
çiçek 6, 18, 22, 27
çiçek demeti 15
çiçek sulama kovası 7
çiçekçi 14
çiçeklik 7
çiftçi 38
çiftlik 38-39
çiftlik evi 39
çim biçme makinesi 7
çimen 7, 23
çimento 35
çit 22
çivi 35
çiy 44
çizme 3
çoban köpeği 39
çorap 3
çöp bidonu 7
çöp kovası 20
çöp kutusu 14
çöp sepeti 22
çöp tenekesi 27, 37
çöpçü 48
çuval 39

D

dağ 41
dağcı 48
daire 54
daktilograf 48
dalga 43
dalgıç 48
damperli traktör 35
dans etmek 47
dayı 5
dede 4
deniz feneri 28, 42
deniz kabuğu 43
deniz topu 42
deniz yatağı 42
deniz yıldızı 42
dere 40
derece 19
dergi 10
deterjan 16
deve 25
devekuşu 24
dikdörtgen 54
dikiz aynası 36
dikmek 47
dil 2
dinlemek 47
dinlenme 53
direk 29
direksiyon 37
dirsek 2
diş 2
diş doktoru 19, 48
diş fırçası 13, 19
diş macunu 13, 19
dişçi 19
dişçi aletleri 19
dişçi koltuğu 19
diz 2
doğrama tahtası 11
doksan 55
doktor 18, 49
dokuz 55
dolap 19
dolu 50
domates 17
domuz 39
domuz ağılı 39
don 45
dondurma 42
dondurmacı 14
dönme dolap 23
dört 55
dudak 2
durak işareti 32
duş 13
duvarcı 35
dürbün 43
düşürmek 47

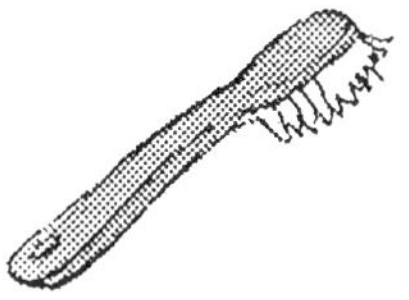

E

egzoz borusu 36
Ekim 44
ekmek 16
el 2
el arabası 7, 27, 34
el küreği 7
el mikseri 9
el sallamak 46
elbise 3
elbise dolabı 13
eldiven 3
elektrikçi 34
elips 54
elli 55
elma 6, 17
emniyet kemeri 36
enişte 5
erkek 2
eski 50
esnemek 47
eş 4
eşkenar dörtgen 54
et 16
etek 3
ev 7, 51
ev hayvanları 4, 5
eviye 8
evler 6-7
eyer 38
Eylül 44

F

far 37
faraş 8
fare 5
fayans 9
fırça 8, 21
fırın 9, 15
fırıncı 49
fırtına 45
fil 25
fincan 8
fincan tabağı 8
flama 29
flamingo 24
fok 25

G

garson 49
gazete 10, 23
gazete bayii 15, 32
gece lambası 13
gecelik 3
geçmiş olsun kartı 18
gergedan 25
giyinmek 47
giysiler 3
goril 24
göbek deliği 2
göğüs 2

gökgürültüsü 45
gökkuşağı 45
göl 40
gölcük 39
gömlek 3
göz 2
göz doktoru 49
gri 54
gülmek 46
güneş 42, 45
güneş gözlüğü 43
güneş yağı 42
güneşli 45

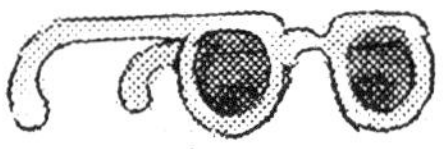

H

hafta 51
hala 5
halat 28
halı 10, 11
halterci 48
hanım 4
hangar 31
hapşırmak 46
harç makinesi 35
hareket memuru 26
harita 20, 41
hasır şapka 42
hasta takip kartı 19
hastane 18-19
hava durumu 44-45
hava pompası 37
havaalanı 30-31
havlu 12
havuç 16
havuz 22
hayvanlar 24-25
Haziran 44
helikopter 30
helikopter pervanesi 30
hemşire 18
hırka 3
hindi 39
hoparlör 10
horoz 39
hortum 6
hostes 31

I

ıslak 50
ıstakoz sepeti 28
ızgara 14, 41

İ

içmek 46
iglo 7
iki 55
ikizler 5
ilaç 18
inek 39
insanlar 48-49
inşaat iskelesi 35
ip atlamak 46
iri 50
iskele 28
işaret levhası 41
işaret panosu 26
işçi 14
itfaiyeci 49
itmek 46

J

jet motoru 31
jimnastikçi 49
jokey 49

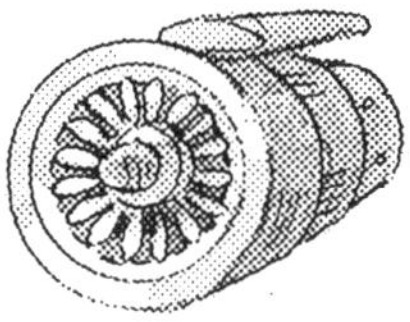

K

kabak 16
kafes 4
kâğıt 20
kahvaltı 52
kahverengi 54
kalça 2
kaldırım 15
kalem 20
kalp 54
kameriye 23
kampçı 40
kamyon 14
kamyonet 15
kanarya 4
kanat 31
kanepe 10
kanguru 25
kapı 11, 39
kaplan 25
kaplumbağa 4
kar 45
kar yağışlı 45
kara tahta 21
karaca 41
karavan 6, 41
kardan adam 44
kardeş 4
kare 54
karın 2
karpuz 17
kartal 24
kartopu 45
kartpostal standı 33
kasa 16
kasap 48
kaset 10
kâse 9
Kasım 44
kasırga 45
kasiyer 17
kask 35
kaş 2
kaşık 11
kavun 17
kaya 43
kayak yapmak 46
kayakçı 41, 49
kaydırak 22
kaynakçı 35
kaz 38
kazak 3
kazma 35
kazmak 47
kedi 5, 6
kedi yavrusu 4
kelebek 40
kemik 22
kep 22
kepçe 15, 43
kereviz 16
kerpeten 36
kesmek 47
kır 40-41
kırk 55
kırmızı 54
kısa 50
kız 2-4
kiremit 35
kitap 10, 21
kitaplık 10, 13
klozet 12
koala 24
koca 4
kol 2
koltuk 10
koltuk altı 2
koltuk değneği 18
konak 7
kondüktör vagonu 27

konserve 16
konserve açacağı 8
kontrol kulesi 30
korkuluk 38
koşmak 46
koşucu 23
kova 42
koyun 38
kömür vagonu 26
köpek 4, 6
köpek kulübesi 4
köprü 40
köpük 12
köy 40
kravat 3
krema 17
kriko 36
kulak 2
kulübe 6
kumdan kale 43
kumsal 42-43
kunduz 24, 41
kupa 8
kurbağa 5, 41
kurdele 22
kurşunkalem 20
kuru 50
kurulama bezi 8
kurulanmak 47
kurye 15
kuş 15, 41
kuşlar 24-25
kuş yuvası 41
kutup ayısı 24
kuyruk 30, 32
kuzu 38
kuzen 5
küçük 50
külot 3
külotlu çorap 3
küre 21
kürek 29, 34, 42
kütük 41

L

lahana 16
lastik 37
lastik bot 43
lavabo 12
leopar 24
liman 28-29
limon 17
lokomotif 26
lomboz 28

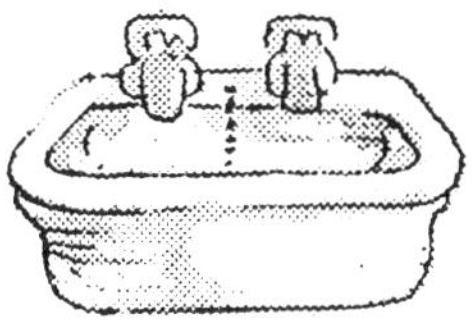

M

maden işçisi 49
mağara 43
makas 20
makinist 27
makinist kabini 27
mala 35
mama kabı 8
mantar 17
marangoz 35, 48
margarin 17
Mart 44
martı 28, 43
marul 17
masa örtüsü 11
masal 53
maske 19
matkap 14, 34
mavi 54
Mayıs 44
maymun 25
mayo 22, 42
meltem 45
mendil 3
menhol kapağı 15
merdane 9
merdiven 6, 13, 34
meyve suyu 17
meyve tabağı 11
mısır 17, 38
mısır gevreği 16
milyon 55
mors 25
motor 36
motor kapağı 36
motosiklet 15
muhabbetkuşu 5
musluk 8, 13
mutfak 8-9
mutfak dolabı 9
muz 17
müşteri 17
müzik seti 10

N

Nisan 44

O

Ocak 44
ocak 9
oduncu 49
oğul 4
okul 51
okul çantası 20
okumak 46
olta 41
omuz 2
on 55
on altı 55
on beş 55
on bir 55
on dokuz 55
on dört 55
on iki 55
on sekiz 55
on üç 55
on yedi 55
onarmak 51
orak 39
oto yıkama 37
otobüs 15, 32, 53
otobüs şoförü 33
otobüs terminali 32-33
otomat 27
oturma odası 10
oturmak 46
otuz 55
oynamak 47
oyuncak 51
oyuncak ayı 12
oyuncak kutusu 12
oyuncak ördek 13

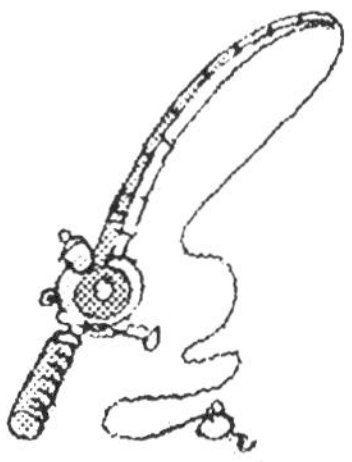

Ö

öğle yemeği 52
öğretmen 21
öğretmen masası 21
ön cam 36
önlük 8
ördek 22, 39
ördek yavrusu 22

P

paket 33
palet 42

panda 24
pantolon 3
papağan 4, 25
paravan 19
parçalanmak 51
park 22-23, 53
parka 3
parmak 2
paspas 8
patates 17
patika 40
patlak lastik 33
Pazar 51
Pazartesi 51
pedallı çöp kutusu 9
pelikan 25
pembe 54
penguen 25
perde 11, 12, 19
pergel 20
peron 27
Perşembe 51
peynir 16
pijama 3, 13
piknik 22
pilot 30
pilot kabini 30
pist 30
pist ışıkları 31
plak 10
polis 49
portakal 17
posta torbası 26
postacı 49
poster 12, 21
pus 45

R

radar 31
radyatör 10
radyo 10, 43
rakun 24
ranza 13
raptiye 21
ray 27
reçel 16
renkler 54
resim yapmak 46
ressam 48
roket 51
rotor 30
römork 39
römorkör 29
rüzgâr 44
rüzgâr sörfü 43
rüzgâr torbası 31
rüzgârkıran 42
rüzgârlı 44

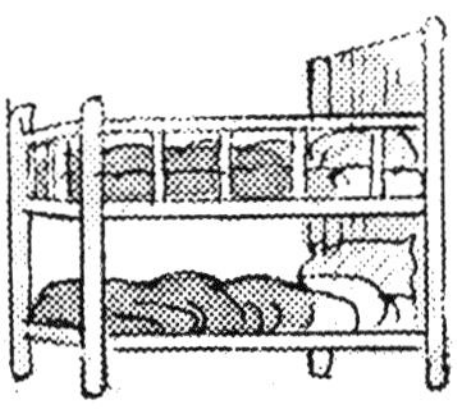

S

saat 10, 14, 18, 20, 52
saat kulesi 15
saban 38
sabun 13
saç 2
saç fırçası 13
saksı 11
salatalık 17
Salı 51
salıncak 23
salyangoz 6
saman 39
saman balyası 39
samanlık 38
sandal 29, 40
sandalye 11
saplı tencere 9
sargı askı 18
sarı 54
satın almak 47
sayfiye evi 6
sayılar 55
sekiz 55
seksen 55
sel 44
sepet 6
sevinçli 50
seyretmek 47
sıcak 50
sınıf 20-21
sıra evler 7
sırt 2
sırt çantası 26, 40
silgi 21
silo 38
sincap 41
sinek 40
sis 44
siyah 54
soğan 17
soğuk 50
sokak 14-15
sokak lambası 15
solucan 6
somun anahtarı 36
sos şişesi 11
sosis 17
sörfçü 43
stetoskop 18
su birikintisi 43, 45
su borusu 15
suaygırı 24
sünger 13
süpermarket 16-17
süpürge 6, 39
süpürmek 47
sürahi 11
sürat teknesi 43
süt 16
süt tankeri 38
süveter 3
süzgeç 9

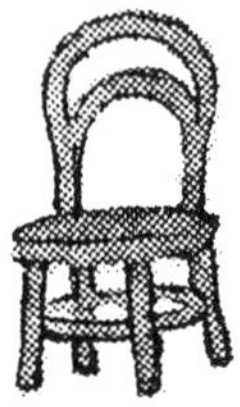

Ş

şamandıra 28, 43
şampuan 12
şantiye 34-35
şapka 3
şarkı söylemek 46
şarkıcı 49
şeker 17
şekiller 54
şelale 41
şemsiye 15
şezlong 42
şırınga 18
şimşek 45
şişman 50
şnorkel 42
şoför 15
şort 3
Şubat 44

T

tabak 8, 11
tablo 10
tabure 8
tahta kaşık 9
tahterevalli 23
takım çantası 37
takma diş 19
taksi 15
taksi şoförü 48
takvim 20

talk pudrası 13
tamirci 37
tampon 27, 37
tanker 28
tarak 13
tarife 26, 32
tartı 12
tasma kayışı 22
tava 8
tavşan 5, 41
tavşan kafesi 5
tavuk 16, 39
tavuk kümesi 38
tayfun 45
taze fasulye 17
tebeşir 20
tekerlekli paten 22
tekerlekli sandalye 18
tekerlekli sedye 18
teknisyen 31
teleferik 41
telefon 10
televizyon 10, 18
Temmuz 44
tenisçi 48
tepsi 9
terazi 21, 29
tereyağı 17
tereyağı kabı 11
terlik 12, 19
termos 23
tesisatçı 34
testere 34
teyze 5
tıraş makinesi 12
tırmanmak 46
tırmık 7
tırtıl 41
timsah 24
tişört 3
tokmak 41
topuk 2
tökezlemek 46
trafik hunisi 15
trafik lambası 14
trafik polisi 14
traktör 38
tren istasyonu 26-27
tuğla 34
turuncu 54
tutkal 20
tutmak 46
tuvalet kâğıdı 12, 16
tuz 11
tünek 5

U

uçak 31
uçurmak 51
uçurtma 23, 40
ufak 50
uğurböceği 40
un 16
uyanık 50
uykuda 50
uyumak 46
uzun 50

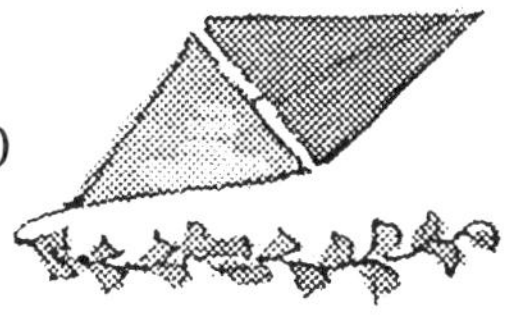

Ü

üç 55
üçgen 54
üstünde 50
ütü 9
ütü masası 9
üzgün 50
üzüm 17
vahşi 24
vazo 10
vinç 28, 34
vücut 2

Y

yağdanlık 37
yağmur 45
yağmurlu 44
yağmurluk 3
yakıt tankeri 30
yalamak 47
yanak 2
yangın söndürme aleti 37
yap-boz 21
yapıştırmak 47
yaprak 40
yaptığımız şeyler 46-47
yastık 10, 13
yatak 19
yatak odası 12-13
yavru köpek 5
yavru ördek 39
yazmak 46
yedi 55
yelkenli 23, 42
yelkenli tekne 28
yemek 46
yemek odası 11
yemek vagonu 26
yenge 5
yengeç 43
yeni 50
yeşil 54
yetmiş 55
yıkanmak 47
yılan 25
yıldız 54
yirmi 55
yoğurt 16
yolcu 26
yolcu merdiveni 30
yolcu vagonu 26
yorgan 12
yosun 43
yukarda 50
yumurta 16
yunus 24
yusufçuk 40
yük arabası 27
yük gemisi 28
yük treni 27
yüksek 50
yün yumağı 11
yürümek 47
yüz 55
yüzen ev 6
yüzmek 46
yüzücü 42

Z

zaman 52-53
zayıf 50
zebra 24
zıplamak 46
zıt anlamlı kelimeler 50
zürafa 24